가장자리

詩 集

가장자리

김미선

이음과펼침

작가의 말

긴 글을 쓸 줄 몰라서
토막토막 틈틈이 시간 날 때마다
써두었던 여러 느낌들

어색하고 엉터리 같지만
시라는 이름으로
책을 내게 되었다.

이 시를 통해
마음이 힘드신 분들이
용기와 희망을 갖기를 바란다.

언제나 새롭게

목차

은인의 축복

말없이 건네시는 시선
오래도록 등이 따뜻합니다

거창한 말씀 없이도
나도 모르는 나를 믿어 주시는

어떤 방식의 꾸지람도 없이
잘한다고 바라만 보시는

커다란 사랑 앞에 기도를
다음 생에라도 꼭 갚겠습니다

엄마의 방

언제든 찾는 엄마의 방
내 마음속에 있다

병원 생활 6개월 만에
어린아이가 되셨다

따뜻한 물로 등목
입가에 미소가 번지신다

집에 오셔서 함박웃음
식사도 맛있게 하시고

도란도란 이야기도 나누던
마지막이 기억난다

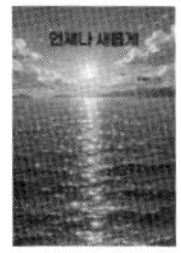
언제나 새롭게

오늘의 온기

아침 문을 열면 먼저 김이 말을 건다
솥에서 올라오는 하얀 숨결

도마 위 채소들은 고운 색으로 뒹굴고
칼끝은 리듬 타고

손님 발걸음은 희망찬 기쁨
오실 때마다 가게는 더 밝아진다

국 한 그릇에 진한 마음 얹어드리면
감사한 표정

혼자 드시는 식사도 외롭지 않으신 듯
가게에 불빛이 더 밝아질 즈음

함께 달려온 여러 식구들
끓고 있는 냄비가 크게 웃는다

언제나 새롭게

진미진선(盡美盡善)

언제나 최선을 다하라
오래 간직한 말씀

완벽함이기보다
묵묵히 성실해야 한다는 말씀

정성을 위해 생긴
손과 발을 쉬지 말라 하신다

집밥식당

짜릿한 맛보다 먼저 생각하는 건
함께 하는 식탁의 온기

자극적인 향신료 없이
식재료 본래의 숨결

엄마 흉내 낸 집밥 한 그릇
정직하려 애쓰는 소박한 반찬

피곤하고 허기진 이에게
따뜻한 위로와 치유가 되길

바라는 마음 담아
집밥식당 선공일

새언니

언제나 고마운 사람
시집 안 간 까칠한 시누이
반가울 리 없었을 텐데

싫은 기색 한 번 없이
눈 한 번 흘긴 적 없이
늘 웃어주던 사람

스무 해 훌쩍 넘어
자매인 듯 친구인 듯
가장 편한 이름

오늘이 생일
축하합니다
참 많이 고맙습니다

언제나 새롭게

산내들

산내들 바람이 낮게 불어
저 멀리 풀 냄새와 함께 온다
어릴 적 걷던 흙길 감촉이
발바닥에 다시 살아난다

가진 것 없던 시절에도
하늘은 늘 나와 놀고
이름 모를 새소리 울음에도
많이 재미있어했다

조금은 느리게 자랐지만
오래 바라볼 줄 아는 힘은 강한 듯
바람이 지나간 자리마다
하늘 친구가 나를 반긴다

언제나 새롭게

모래 백사장

모래 백사장을 처음 밟던 순간
발끝에서 사각사각 여름이 오고
멀리서 밀려오는 파도 소리가
마음을 들어준다

짠바람이 얼굴을 스치면
물 위를 달리는 햇살
말없이 거닐던 시간
모래를 느끼는 까실한 감촉

주머니에 조개를 넣고
돌아오는 길에 만지작
지금도 가끔 눈을 감으면
모래 위 조개가 보인다

언제나 새롭게

다정다감

밖에서는 쉽게 건네던 친절들이
집에 들어서면 숨어버린다

낯선 이에게는 잘도 하던 눈인사
가까운 이들에게는 무표정

괜찮겠지
알아서 이해하겠지
마음을 메마르게 한다

가장 오래 곁에 있는 이에게
따뜻해야 한다는 것을

늦게나마 알아차린 오늘
말의 온도와 표정을 고친다

언제나 새롭게

새록새록

새록새록 기억이 김처럼 올라와
처음 앞치마 매던 날을 떠올린다

어색한 인사와 긴장하던 두 손
더 크게 쿵쾅대던 심장

실수에도 함께 웃어주던
따뜻한 눈길들이 생각난다

그때보다 느긋해진 지금은
여유롭게 많은 일을 척척 하지만

사라진 줄 알았던 장면들이
또다시 올라오면

잊혀진 그때가 되살아나
긴장의 첫 마음을 잊지 말자

언제나 새롭게

다소니 (사랑하는 사람)

귀한 존재는 멀리 있지 않다
아무 말없이 곁에 있는 이
안부를 물어오는 이름
문득 떠오르는 얼굴

크게 드러나지 않아도
마음의 온도가 바뀌는 순간들
지켜봐 준 시간들이 모여
더 단단한 관계가 된다

소중함은 요란하지 않고
그냥 그대로 있는 것
오늘 떠오른 이름 하나
마음속엔 고마움이 가득

언제나 새롭게

가온누리 (세상 가운데, 세상의 중심)

세상의 한가운데에 서 있지 않아도
내가 서 있는 자리가 최고

어디서 무얼 하든 그 자리는
스스로 주인이 되는 곳

선택 하나가 방향을 정하고
높은 곳을 바라본다

멀리 가지 않아도 괜찮다
지금 자리에서 숨을 고르면

조금씩 흔들리던 마음도
굳게 땅을 디뎌 자리 잡고

서서히 그다음을 찾아 나선다
중심을 잡는 자리에 선다

언제나 새롭게

온새미로 (가르거나 쪼개지 않고 생긴 그대로)

바꾸려 애쓰지 않아도
시간은 알아서 맞는 색을 입는다

예전의 나와 지금의 내가
크게 다르지 않아 다행이지만

무리하지 않는 속도로
자연스러움이 길을 택하고

익숙한 햇살 아래
철이 없어 느긋하다

변함없다는 말은
지루함이 아니라 안정이라며

느릿한 여유로움으로
나답게 살아가고 있다

언제나 새롭게

뜀박질

갑자기 뛰고 싶어지는 날에는
이유 없이 몸이 가벼워
계단을 두 칸씩 오르고
바람을 앞질러 나간다
오래 머물던 생각이
리듬에 맞춰 흩어지고
분주하게 북을 치는 심장
속도가 빨라지면
걱정 근심은 못 따라오고
숨이 조금 차오를 즈음
잘 살아 있음에 감사하며
살짝 속도를 줄인다

언제나 새롭게

하나

여러 냄비의 소리가 하나로
가게 안에 둥근 화음을 이룬다

밥 짓는 향과 국 끓는 김이
서로 섞여 합창단이 되고

손님들의 이야기와 웃음꽃
테이블 가득 차면

그 사이를 누비는
물컵과 음식들이 어울리고

혼자서도 외롭지 않은 건
모두가 함께 숨쉬기 때문

화덕불을 끄며 생각한다
우리는 모두 하나

반찬 그릇

반찬 그릇들이 줄을 맞추면
작은 정원이 식탁 위에 펼쳐진다

초록과 빨강, 노랑이 서로 기대어
보기만 해도 배부르다

나는 집게로 정성을 나누고
접시 가장자리를 살짝 닦으며

작은 청결이 마음을 맑게 하고
손님들의 표정이 편안해진다

비워지는 그릇은 격려의 메시지
계산대 앞 목례는 기쁨

설거지통 한가득
수고한 여러 그릇들이 반짝인다

언제나 새롭게

앞치마

앞치마를 두르고
전쟁을 시작한다

튀는 기름도 묻은 소스도
전투의 흔적을 기록

매듭을 세게 고쳐 묶으면
긴장도 덩달아 단단해진다

손님과 나 사이에
항상 경계가 되는 앞치마

퇴근 전 매듭을 풀 때면
하루의 과정이 주마등 같다

접어 둔 앞치마 위에 남은 온기가
내일의 불씨가 되어 피어오르길

언제나 새롭게

심장에게

심장아 언제나 고마워
시간마다 박자를 맞추고

주문을 알아듣고
자욱한 주방 연기에도 웃어줘서

한잔 물로 돕는다지만
너의 리듬에 감사할 따름

조급해지려는 순간마다
한 박자 쉬라 알려주니

편안하게 마감하면
심장도 느긋해지는 듯

오늘 잘 달려왔다고
서로를 꼭 안아준다

언제나 새롭게

새벽시장

새벽시장은 어둡고
푸르른 야채들이 이슬을 입고 있다
서두르며 두리번거릴 때
싱그러운 냄새들이 손짓한다

저마다 웃음으로 인사하고
장터가 더 밝게 빛날 무렵
묵직한 반찬감들을 가득 담아도
마음은 이상하게 가볍기만 하다

돌아오는 길의 찬 공기는
이미 뜨거워져 있고
가게 문을 여는 순간
가게는 또 다른 새벽시장

언제나 새롭게

마감 시간

마감시간의 불빛은 유난히 밝다
의자들이 하나씩 제자리로 가고
남은 김이 천천히 식어 간다

바닥을 쓸고 정리하면서
감사했다는 말들을 쓸어 담는다
피곤 대신 잔잔한 미소가 피어나고

모자를 벗으며 숨을 고르면
손끝의 열기가 식기 시작
가게 안은 다시 고요해진다

시계는 또박또박 퇴근을 재촉
문 닫기 전 불을 살피며
가게에 행복의 인사를 나눈다

언제나 새롭게

등대

가게의 전등은 작은 등대
어둑한 골목에 길을 낸다

솥에서 피어오른 깃발의 안개
주방에 불을 켜는 순간

이른 손님 한 분이 들어오시면
등대가 비춰준 의자가

조용히 자리를 안내하고
물 한 잔의 따뜻함을 전한다

국 한 그릇의 온기가
등대와 함께 손님을 맞아준다

제대로

제대로 밥을 짓자고 마음먹으며
쌀 씻는 물을 바라본다

손끝에서 느껴지는 맑음
손질한 채소들이 반듯

칼끝은 조용히 칼집으로
서두르지 않고 시간을 맞춘다

한 번 더 국물을 맛보고
담백함을 찾느라 애쓴다

정성은 티 나지 않는 법
진실은 스스로가 알면 된다

사소한 원칙을 익히고 배워
언제나 바른 나를 찾는다

언제나 새롭게

잔디밭

점심이 지나 잠깐 한숨 돌리면
온 세상이 잔디밭처럼 보인다

초록 잎들이 바람에 흔들리고
창밖을 무심히 바라본다

주방의 열기가 식어 가는 사이
햇살이 유리창을 두드리면

지나가는 행인들의 발걸음이 보이고
마음은 기대로 가득해진다

행여나 들어오실까
입가엔 인사 소리가 맴돈다

잠깐의 초록이 준 치유와 기대
오후 시간이 한결 행복해진다

언제나 새롭게

밥 짓기

아침밥을 지으며 하루를 시작한다
보글보글 소리가 새벽을 깨우고

이른 시간의 가게는 더 조용
국 푸는 소리만 소곤소곤

차분한 손놀림의 준비
따뜻한 밥 냄새가 가게 창에 닿을 즈음

지나가던 발걸음이 가게를 향한다
차가운 새벽을 녹이는 식당

솥에 가득 예쁜 마음들이 모였으니
화덕 불을 끄고 뜸을 들인다

언제나 새롭게

유니폼

멋지고 따뜻한 유니폼
당장의 나들이도 손색없네

자존감이 떨어지지 말라고
배려해 주신 고마운 전투복

주방의 뜨거운 열기에도
설거지통 출렁이는 물살에도

아랑곳 않는 따뜻함
고마움에 눈물이 난다

언제나 새롭게

119

뜨거운 냄비가 넘치려는 순간
재빨리 불을 줄이며 전화를 걸었다
심장 박동이 요동치고
초조해지는 불안에 숨이 안 쉬어졌다
빨리 달려와준 119
구급차에 실려 도착한
차가운 하얀 침대 위에 누워있으니
오만가지 생각이 꼬리를 문다
내가 무엇을 잘못했나
심장을 왜 이렇게 만들었지
여러 습관들을 되짚어가며
누워있는 몇 시간이 몇 날 며칠 같았다
너무나도 두려웠던 시간
참으로 고마운 인연들께서
나를 살린다는 사실을
크게 깨닫게 된 기회
그날 이후 모든 분들께
감사한 마음으로 살아간다
고마워요 119

언제나 새롭게

방앗간

주방 한쪽에서 절구 소리 대신
칼과 도마가 규칙적으로 울린다
콩 대신 채소가 리듬을 타고
향기가 고소하게 번진다

손님들의 발걸음이 이어지면
가게는 작은 방앗간처럼 분주하다
흐름에 몸을 맡기고
접시마다 정성 담아 돌린다

바쁜 가운데서도 웃음을 잊지 않고
짧은 농담에 서로가 웃는다
일 소리가 노래처럼 이어져
오늘이 경쾌하게 흘러간다

언제나 새롭게

보너스

일찍 손님이 찾아오시고
빈 테이블이 금세 채워진다

따뜻한 말 한마디가 남아
가게 안 좋은 여운이 돈다

잘 먹었다는 인사가 보너스
고개 숙여 인사를 건넨다

행복해하시는 것만으로
마음이 푸근해진다

남은 반찬을 정리하며
하루의 보너스를 헤아려본다

언제나 새롭게

바닥 청소

마감 전 바닥에 물을 뿌리면
낮 동안의 소란이 한 번에 씻겨 나가고

걸레가 그 길을 어루만지면
식당 안은 고즈넉해진다

의자 다리를 하나씩 들어
남은 먼지를 부드럽게 모은다

깨끗해진 바닥이 거울 같아서
가게가 다시 새 얼굴이 된다

허리는 조금 뻐근했어도
마음은 행복한 미소로 가득

언제나 새롭게

생일 미역국

아침에 미역을 불려 두면
바다 냄새가 가득해진다
참기름의 고소함을 넣고
냄비 안의 검은 잎은 초록이 된다

국물이 맑게 우러나면
그 냄새로 잔칫집이 되고
생일에 대접하는 미역국으로
매일매일 손님을 대접한다

생일이 아니어도 괜찮다
모두의 삶 자체가 생일
한 그릇을 조심스레 내밀며
뜨거우니 조심하세요
미소를 섞어드리면
오늘은 그 손님의 생일날

언제나 새롭게

안개

골목에 안개가 가득
간판 조명이 번진다

문을 열면 시원한 공기
불을 켜며 하루를 맞이한다

솥에서 올라온 뜨거운 수증기
안개와 서로 섞일 때

손님들의 발걸음
가게 안이 밝아져 간다

졸음이 덜 깬 마음도
인사하며 깨어나고

차분해지려는 서두름은
안개 속으로 사라진다

변덕

날씨는 변덕스러워도
가게 온도는 일정하게 하자

비 내리는 날
더 따뜻하게 느껴지는 국물

막걸리나 파전 없어도
미소로 따뜻한 우리는

변함없는 꾸준함
한결같아지려 애쓰고 있다

언제나 새롭게

상추를 씻으며

상추를 씻으며
농부 얼굴을 생각해 본다

초록 향기가 가득한
고운 채소 기르느라

고생했을 땀방울을 씻어낸다
찬물에 샤워를 시키면

평소 고마움을 모르던
무심한 내 마음 가득하게

그윽한 감사가 번져 나오고
흐뭇해지는 고마움이

열심히 자라준 상추에게
우릴 도와달라 부탁해 본다

언제나 새롭게

유리창 너머

유리창 너머로 저녁 불빛이 비친다
지나는 사람들의 그림자가 스치고

가게 안은 다양한 색상이 물든다
김 오른 냄비를 바라보며

더 분주한 바깥세상을 느낀다
손님 두 분이 창가에 앉아

기다림의 대화로 오손도손
잔잔한 웃음이 유리에 반사되어

주방으로 되돌아온다
주방과 홀의 온도는 달라도

마음의 거리는 아주 가까이
저녁 불빛이 가게를 품고 있다

언제나 새롭게

자명종

새벽 자명종이 운다
모른 척 해보지만

그럴수록 더 시끄럽게 떼쓴다
알아들었다고 몸을 일으켜

슬쩍 자명종을 끄고
오 분만 하고 또 눕는다

또 다른 자명종이 울린다
절대 기상시간이 아닐거라고

우기며 귀를 막는다
잠시 후 세번째가 운다

착한 자명종을 째려본다
내 방에 자명종은 여섯 개

언제나 새롭게

잠버릇

가끔은 숫자 세듯 메뉴를 중얼
잠결에도 주문받는 꿈을 꾼다

스스로 웃음이 나온다
이불을 고쳐 덮고

다시 깊은 잠으로 들어간다
몸에 밴 습관이

더 피곤하게 만들어도
간혹 자다가 피식 웃는다

나만의 싱거운 시간이
여러 메뉴를 암기하고 있다

이것이 직업병인지 정신병인지
동료도 그런지 물어봐야겠다

언제나 새롭게

곶감

내 책이 세상에 처음 나온 날
말로 다할 수 없는 고마운 마음에

이끌어주신 시간들과
등을 밀어주시던 은인들께

고마움을 전하려 고민하다가
곶감 한 묶음을 드렸다

말려서 달콤해진 곶감처럼
행복해진 성과에 감사하며

갚지 못할 은혜에 조금이나마
갚으려는 마음을 담아드렸다

걸음마를 걷게 해 주신 모든 분께
기대만큼 열심히 살겠다고 다짐해 본다

튀어나온 못

문턱에 튀어나온 못을 본다
망치로 조심스레 눌러

탈 안 나게 미리 다독이면
바쁜 걸음이 편해진다

사소한 것 하나 놓치지 않고
자세히 살펴주면

사나웠던 발톱을 감추고
자기 자리의 역할을 충실히 한다

정리된 모서리를 바라보며
내 마음도 정돈해 본다

언제나 새롭게

주경야독

낮에는 손님들에게 삶을 배우고
손발로 세상의 온도를 가늠한다

짧은 인사와 스쳐 간 표정 사이
마음들의 결을 알게 된다

분주한 시간을 지난 늦은 밤
낮 동안의 소란함이 책상 위에서 잠든다

스탠드에 불 밝히고 노트를 펴면
흩어졌던 문장들이 떠올라

오늘 배움이 한 줄의 글이 되고
새로운 삶의 기준을 점검한다

밤에 적어둔 이 다짐이
내일 아침이면 지혜로움이 되기를

언제나 새롭게

막내

나이는 한참 많아도
이곳에서는 막내

위에서 아래로 향하는
뜨거운 손길의 내리사랑

서두르지 말라고
보폭을 맞추시는 배려

처음 느낀 따뜻함에
왜 눈물이 나는지

따라가는 종종걸음
보폭이 같아지기를

언제나 새롭게

빈곤취향

늘 부족함만 찾아내던 시선들
현실보다 먼저 작아진 마음

힘들다, 불행하다, 어렵다는 말만
습관처럼 입안에 남아

기회조차 못 알아보는
눈뜬 봉사가 되고

익숙한 편안함에 빠져
불행을 향해 뛰어내리는 다이빙

가난은 형편의 문제가 아닌
빈곤한 마음이 살아온 습관

언제나 새롭게

귀퉁이

가게 안 귀퉁이 탁자
손님이 홀로 조용히 앉는다

물 한 컵 드리고
천천히 메뉴를 여쭈면

귀퉁이의 외짐은
따뜻한 보금자리

음식을 내어드리면
그제야 편안하신 어깨

귀퉁이의 고요 속
행복한 모습이 감사하다

언제나 새롭게

담벼락

가게 옆 담벼락에 햇살이 기대어
늦은 오후의 그림자를 만든다

문틈으로 들이는 바람
주방의 열기를 잠시 식힌다

거친 벽면에도 빛이 스며들며
표정이 한결 부드러워진다

지나가는 발걸음 소리
담에 부딪혀 울리고

행여 가게로 오시는 손님일까
온 신경을 곧추세운다

언제나 새롭게

은혜 속에서

받아온 친절을 생각하며
먼저 인사를 여쭌다

단골이 건네주신 한마디
모두가 힘이 나고

한 그릇에 감사를 담아
온기를 되돌려드린다

서로의 배려가 이어져
식당 공기가 둥글다

혼자라는 단어는
어디에도 없는 것

수고를 알아준 눈길이
내 양심을 찌른다

나의 꿈

작은 가게 불빛 아래서
꿈은 크지 않아도 또렷

따뜻한 밥을 내어 드리는 것
웃으며 하루를 마치는 것

새벽에 문을 열 힘을 남기고
부끄럽지 않은 열정의 노동

이렇게 고마운 기회가
희망의 내일을 향해 나아가기를

행복

실수가 없어 더 고마운 날
밥은 타지 않고 국이 알맞다

손님께서 웃으시며 계산하고
밝게 인사를 건네신다

차질 없이 지나간 점심시간
내 마음에 흐뭇함을 남기고

가지런한 의자가 줄을 맞추면
가게 안은 조용히 숨을 고른다

많은 매출이 없었어도
꾸준함이 평온한 행복

언제나 새롭게

흰머리

거울 속 흰머리를 발견하고
웃으며 손으로 넘긴다

나이테 같은 표시가
철 안든 나를 무안하게 한다

예전보다 여유로운 호흡
급하게 서두르지 않아도

손끝은 알아서 부지런
경험이 쌓인 만큼

내 마음도 깊어졌다
새치라고 우기는 흰 머리카락

어제보다 철든
내가 되기를

반가운 손님

문이 열리고 익숙한 목소리가 들리면
웃음 띤 미소로 반긴다

오랜만이에요, 인사 한마디
온풍기를 튼 듯 훈훈해지고

드시던 메뉴를 기억해 드리면
소중히 대접받으시는 목례

서로의 안부가 테이블 사이를 지나
잔잔한 웃음으로 피어나고

짧은 대화에도
기분 좋은 위로가 생겨난다

언제나 새롭게

불안한 고양이

골목 안 불안 고양이가
문틈을 조심스레 기웃거린다

급히 다가가지 않고
조심스레 문을 열어 두면

고소한 생선 냄새로 유인해
고양이의 불안을 없애준다

서로가 놀라지 않게
눈맞춤을 피해 딴청

슬그머니 들어와서
간식을 챙겨 간다

조금이라도 친해지기를 바라지만
그러나 그 손님은 외상

언제나 새롭게

선풍기 날개

천천히 도는 선풍기 날개 보며
좋은 생각을 한다

시원한 바람이
이마를 부드럽게 지난다

땀이 식은 순간의 안도
고된 오후의 감사한 바람

느린 회전이 만들어 내는 리듬
머릿속 소음이 잦아든다

과열된 마음을 식히는 법을
바람에게서 배운다

속도를 낮춘 자리에
생각이 맑아진다

생선구이

팬 위에서 고등어가 지글거리면
고소한 향이 가게를 가득
노릇해진 껍질이 바삭한 소리를 내고
불 세기를 조심스레 조절한다

연기가 자욱하게 올라가
천장에 따뜻한 그림을 그린다
접시에 올려 레몬을 짜내면
선명해지는 노란색

손님이 드시는 모습 보며
흐뭇해지는 수고
잘 익은 한 점 생선이
든든한 저녁을 만든 하루

언제나 새롭게

호박전

얇게 썬 호박의 초록빛
팬 위에서는 노란색

부침가루 향으로
포근히 채워지는 주방

뒤집힌 동그란 모양이
보름달처럼 반짝인다

접시에 차곡차곡 쌓아두면
보기만 해도 넉넉해진다

따뜻할 때 서로 권하며
식탁 위에선 웃음으로 바뀐다

무뼈감자탕

큰 냄비에 가득
삶아진 고기 속 뼈를 바른다

뜨거움에 손끝이 달아올라도
정성스레 살만 바른다

여러 손길이 지나간 자리에
편안한 식사가 남고

뼈가 불편하지 않도록
뼈 골라낸 음식에는

엄마의 손길을 흉내 낸
집밥식당 식구들의 땀방울이

언제나 새롭게

가로등

늦은 밤 가로등 아래
잠시 조용해지는 세상

어깨 위에 내려앉은 귤빛
길게 늘어진 그림자

말하지 않아도 되는 침묵
정리하는 생각

외롭다는 느낌보다는
혼자여도 괜찮다는 홀가분

작은 불빛 하나로도
긴 밤은 견딜 만하고

돌아가는 발걸음이
왠지 가벼워진다

복순이

우리 앞집의 복순이
나를 먼저 알아보고
앞발을 들어 올리며
꼬리를 흔든다

주머니에서 꺼낸 간식
조심스레 먹는 모습
나를 위한 하루에서 벗어나
남을 챙기는 마음을 배운다

가끔 보는 만남이지만
언제나 반가움이 가득
돌아서 올 때 보면
아쉬운 표정으로 시무룩

언제나 새롭게

메뉴 개발

익숙한 맛에 머물지 않으려
가끔은 조리 방법을 바꾼다

늘 하던 순서를 뒤섞고
다른 재료의 조합을 시도해 본다

실패할지도 모른다는 생각보다
더 맛있을 메뉴를 찾는다

이 작은 변화 노력이
손님의 표정을 기쁘게 하기에

오늘의 메뉴라는 이름으로
꾸준하게 새로운 도전을 해본다

언제나 새롭게

수학여행

전날 저녁, 가방을 몇 번이나 열어 보며
아직 오지 않은 아침을 기다렸다

버스 안에서 이어지던 노래와 장난
낯선 숙소의 밤이 유난히 짧았고

별 것 아닌 풍경 하나에도
환호성을 지르던 아이들

시간은 많이 흘렀지만
그때의 추억이 마음에 남아

식당에 온 학생 손님 보며
문득 그때가 생각났다

나는 잠시 추억을 떠올려
다시 한 번 여행을 떠난다

감기 기운

콧물이 흐르고 목이 칼칼해지자
멀쩡하던 어제가 고마워진다

짧은 통증 속에서
쉬지 않고 지나온 시간이 떠오른다

아프기 전에는 몰랐던
내 몸의 수고들이 하나씩 보이고

따뜻한 물 한 잔 마시며
정신을 가다듬으려 애쓴다

이별

오래 붙잡고 있던 마음과
조용히 거리를 둔다

이유 없이 밀려오던 불안
오지 않은 일에 대한 근심

괜히 나를 작게 만들던 긴장
스스로에게 못되게 굴던 자학

나를 지키려던 방식이
옳지 않다 말하며 놓아 보낸다

뚝배기 무게

손에 쥐면 힘겨운 묵직함
손바닥 깊숙이 스미는 뜨거움

가벼운 그릇은 바로 식지만
뚝배기는 온도를 오래 붙잡는다

천천히 식는 그 시간만큼
맛도 조금 더 깊어지기를 바라며

서두르지 않고 걸음을 맞춰
넘치지 않게 조심스레 옮긴다

언제나 새롭게

영혼

눈에 보이지 않아도
사람에게는 오래 남는 게 있다

말보다 먼저 전해지는 분위기
가까이 있으면 느껴지는

하루하루 반복했던 선택들
보이지 않게 겹겹이 쌓여

만들어진 그 무엇이
각기 다른 향기로 남은 듯

느껴지는 온기와 결이
각자를 알리는 얼굴이 되는지

언제나 새롭게

단풍

계절이 바뀌었다는 걸
먼저 알려주는 색

초록 사이에 붉은 기운
서서히, 그러나 분명하게

급하지 않아 더 아름답다
시간이 만드는 그라데이션

떨어지는 잎마다
마침표 고요가 있다

끝이 다가온다는 신호
다음을 준비하는 정리

발자국

하얗게 덮인 길 위에
먼저 찍힌 발자국이

어딘지 모르는 눈밭의
조용한 길잡이

앞선 이가 지나간 자리마다
안전을 말해 주고

따라가며 조심스레 발을 딛는다
발자국 주인에게 감사하며

내가 밟는 이 걸음들도
다른 이를 돕길 바라며

언제나 새롭게

택배

언제 올까 몇 번이나 확인하다
초인종 소리에 얼른 문을 연다

상자를 들어 올리는 순간
그 안에 담긴 것을 상상한다

테이프를 천천히 뜯어내며
바스락거리는 소리에 기대가 커지고

상자를 여는 짧은 찰나에
어릴 적 크리스마스가 겹쳐진다

무엇이 들어 있든
기다림 끝 설렘은 이미 선물

언제나 새롭게

홀서빙

문이 열리고 닫히는 사이
손님들이 테이블에 앉으신다

주방의 온기를 건네받아
기다림 위에 조심스레 놓는다

말은 길지 않아도
눈맞춤 하나로 분위기가 좋아지고

빈 잔을 채우는 물소리에
어색함이 풀리기도 한다

손님들의 기대의 눈빛과
주방의 손놀림을 번갈아 보며

그 사이의 좁은 길을 오가며
보이지 않는 다리를 놓는다

수첩

주머니 속 작은 수첩 하나
바쁜 순간에 짧은 멈춤

지나가면 사라질 것들을
붙잡아 두고

떨어진 재료와
구매할 비품들을 적는다

손님이 좋아하던 메뉴
말없이 남겨 여러 의미들을

잊지 않으려 적어둔 것들로
보다 나은 내일의 일터가 된다

깍두기

네모나게 썰린 무에
시간이 스며들 자리를 만든다

붉은 양념이 배어들수록
하얀 속살은 고와지고

급하게 하면 써지고
기다린 만큼 맛있어진다

한 입 물면 아삭한 소리
시원한 기운이 퍼지고

주연은 아니지만
존재감은 최고의 조연이다

익어가는 시간을 잘 차려 입고
깍두기가 불그스레 웃고 있다

국어사전

모르는 단어 하나를 찾아
천천히 뜻을 읽어 내려가면
짧은 생각을 정리한다

의미를 알게 되는 순간
보는 게 또렷해지고
흐릿하던 상식도 자리를 잡는다

언어는 마음의 손잡이
잡으면 쉽게 열리듯
한 페이지를 넘길 때마다

세상이 조금 더 이해되고
알게 되는 뜻 하나에
새로운 세상이 펼쳐진다

빈 박스

내용물을 꺼내고 나면
상자는 생각보다 가볍다

무언가를 가득 품고 있었으나
지금은 텅 비어 있다

쓸모가 끝난 것 같지만
비워진 공간은 또 다른 용도

무엇이 담길 수도 있고
폐지가 되어 할머니들 생존을 잇기도 한다

언제나 새롭게

케이크

촛불이 켜진 케이크 앞에서
이 시간이 조용히 빛난다

노래가 끝나기도 전
웃음이 먼저 번지고

한 해를 건너왔다는 것에
가슴이 따뜻하다

함께 둘러선 얼굴들 속에서
소원 촛불을 끄면

여기까지 오도록
도움 주신 이름들이 떠오른다

질문하기

궁금한 것을 여쭙는다
조심스레 한 번 더
질문이 실수를 줄이고

삶의 흐름을 만든다
답을 주시면 마음에 새겨
곧바로 실천해 본다

묻는다는 건 살려는 의지
내 삶을 키우는 영양제
더 잘하고 싶다는 갈망

엉터리가 몸에 배어
습관으로 굳어진 타성을
질문을 통해 녹이고 있다

언제나 새롭게

대기 손님

가게 앞이 북적인다
먼저 눈인사를 하고

잠시만 기다려주세요
주문 내용을 여쭙고

부지런히 퇴식하여
기다림이 길지 않도록

빠른 손놀림이
지루함을 줄인다

주방을 재촉하며
서두름을 당부한다

촛불

어둠 속에서 켠 작은 불꽃
크지 않아도 충분히 밝다

흔들리는 빛을 바라보면
호흡이 느려진다

급한 마음이 한 풀 내려앉고
생각의 소음이 줄며

손바닥만 한 불빛이
방 전체를 밝힌다

어둠이 도와주는 존재감
힘든 시간도 이렇게 빛나길

언제나 새롭게

배고픔

배고픔이 살짝 신호 보내면
얼른 국물에 밥을 만다

따뜻함이 목을 타고 내려가
시끄럽던 속을 달랜다

허기는 서두르라 하지만
꼭꼭 씹으며 여유를 부린다

반 공기의 식사만으로
다시 체력을 회복하고

노동이 주는 행복으로
남은 허기를 채운다

언제나 새롭게

커피

막 내린 커피향이 주방에 퍼지고
쓴 향 뒤에 고소함이 남는다

작은 잔을 두 손으로 감싸 쥐면
열기가 손바닥에 스민다

한 모금의 따뜻함이
머릿속을 맑게 해주는 듯

창가 쪽 공기가 맑아지고
피곤이 천천히 물러난다

짧은 휴식이 끝나면
발걸음에 기운이 오르고

커피향의 여운을 안고
다음 일을 차분히 시작한다

뻥튀기

골목에서 들려오던 뻥 소리
가벼운 간식 하나를 집는다

바삭한 식감이 입안에서 녹고
졸음이 달아난다

어린 시절의 기억이 스쳐
마음이 한층 밝아진다

손님과 나눠 먹어도 좋다
부담 없는 달콤함

잠깐의 바삭한 즐거움이
분주함에 쉼표를 찍고

가벼워진 기분으로
다시 일상을 이어 간다

언제나 새롭게

육쪽마늘

육쪽마늘을 한 쪽씩 떼어
칼등으로 톡 눌러

알싸한 냄새가 가득
주방이 금세 살아난다

지글거리는 소리와 함께
맛의 바탕이 준비된다

조금만 넣어도
맛의 깊이가 달라진다

손끝에 남은 향을 맡으며
다음 메뉴에 넣는다

작은 재료 하나가
요리의 기초를 돕는다

언제나 새롭게

가장자리

식탁 둘레를 손으로 훑으며
남은 물기를 닦아 낸다

작은 얼룩 하나도 지나치지 않으려
꼼꼼히 살펴본다

눈에 덜 띄는 곳이
전체의 이미지를 정한다

정리되고 깨끗해지면
손님 맞을 준비된 식탁

사소한 살핌이 많아야
식탁 얼굴이 환해 보인다

몸에 가까운 가장자리를
다시 한 번 닦아낸다

언제나 새롭게

빗자루

마감 무렵 빗자루를 들고
바닥을 천천히 쓴다

먼지가 한 곳에 모여
작은 쓰레기가 된다

의자 다리 사이를 지나며
놓친 자리를 다시 살피고

빗자루 손길 따라
내 마음도 정리된다

바닥에 비친 불빛이
깨끗이 보이도록

언제나 새롭게

가위

가위로 파를 송송 자르며
경쾌한 소리가 난다

리듬에 맞춰 움직이고
매운 향이 눈 코 속으로

짧은 가위질 몇 번으로
눈물이 살짝 고이고

잘린 초록 잎들이
맛깔스러운 모습을 만들고

칼 대신 써본 가위
참으로 고마웠다

언제나 새롭게

간판

오래된 간판에 불을 켜면
글자가 천천히 또렷해진다

골목 끝에서도 보일 만큼
따뜻한 색으로 빛난다

나는 문 앞에 잠시 서서
빛의 밝기를 한 번 더 본다

알아보는 발걸음이 멈추고
유리창엔 자욱한 김이 서린다

간판 아래 작은 가게가
단정한 모습으로 문을 연다

백설기

하얀 백설기를 한 조각 잘라
접시 위에 조심스레 올린다

말캉한 부드러움이
은은한 단맛을 생각나게 한다

과하지 않은 달콤함이
입안에 가득할 때 즈음

짧은 휴식의 간식 시간이
주방의 긴장을 풀어주고

흰빛의 깨끗함만이
마음을 차분히 가라앉히며

작은 조각 하나로
주방엔 다정함이 흐른다

여유로움

아무것도 채우지 않은 공간이
마음을 편하게 한다

말을 아껴 두는 순간
생각이 또렷해지고

비워 둔 시간 사이로
새로운 여유가 생겨난다

빽빽한 일정보다
조금이라도 틈 있는 게 좋다

쉬어 가도 괜찮다는 배려
휴식으로 느려짐이 아니라

재무장하는 정비의 시간
힘찬 오후를 시작하련다

언제나 새롭게

웃기는 한마디로

바쁜 틈에 짧은 농담 하나 건네면
가게 안에 웃음이 둥글게 퍼진다

무거웠던 공기가 가볍게 바뀌고
손놀림도 덩달아 즐거워진다

웃기는 한마디로
둘 사이의 거리를 줄여 준다

손님이 웃으시며 맞장구
퇴식 쟁반을 들고서도

짧은 웃음의 여운이 남아
분주함도 덜 거칠어진다

언제나 새롭게

무표정한 얼굴

무표정하게 들어오신 손님께
더 따뜻한 인사를 건넨다

물병을 내밀며
가만히 주문을 기다린다

음식이 식탁에 올려지면
그제야 표정이 좋아지신다

들어오기 전보다
나아지시는 모습에서

나의 작은 일 속
보람을 느끼게 된다

나홀로

사람들 사이에 있을 때보다
혼자 일 때 생각이 더 또렷

조용한 방 안의 숨소리
창밖의 바람만 지나가고

누군가를 의식하지 않아도 되는 공간
긴장이 자연스레 풀린다

외로움과 평온함의 경계에서
평온 쪽을 택하고 있다

혼자인 시간이 길어
모든 만남이 반갑고

스스로와 나누는 대화가
항상 유익하다고 느낀다

언제나 새롭게

고무장갑

고무장갑을 끼고 설거지를 시작하면
따뜻한 물이 손목을 감싼다

그릇들 부딪히는 소리가
잔잔한 리듬을 만든다

기름기 묻은 접시도
계속 닦으면 빛이 난다

손은 물속에서 바쁘게 움직여도
마음은 더 차분해진다

말끔해지는 그릇들을 보며
오늘의 수고를 격려해 본다

장갑을 벗어 걸어 두는 순간
기쁘게 맞이할 내일 준비 끝

언제나 새롭게

눈

기상청의 눈 예보
소금이 먼저 뿌려진다

조심스런 발걸음
겨울 소리가 반갑다

마감 뒤 밖을 보니
세상은 온통 설국

시린 손 호호 불며
빗자루질로 길을 만든다

언제나 새롭게

손수건

목에 두른 온기
때론 힘겨운 땀을 닦고
눈가의 눈물을 훔친다

작은 천조각이
하는 일이 참 많다

외로움을 달래주기도
체온 유지를 위해
목에 두른다

손수건 덕에
오늘 하루도 따뜻하다

열대어 구피

내 방 한 켠 작은 어항
햇빛을 흔드는 물결

은빛 구피들 반짝이며
조용히 세상을 헤엄친다

수초마다 새우들이 청소하고
모래 사이로 숨는다

작은 수초들도 숲을 이루고
평온함이 내게 다가온다

젖은 운동화

아픈 발엔 편한 운동화
주방화는 딱딱해 불편

설거지통은 작은 분수대
사방으로 물이 튄다

어느새 젖어버린 발가락
시리다고 아우성

조금만 참으면 끝난다
타일러도 소용없는 운동화

언제나 새롭게

중식도

무섭게 생겨
건드리기에도
두렵던 첫인상

그 모습만큼
중심 잡힌 무게감
일이 수월해지고

함부로 다루지 말라며
조심하라며
일러주는 듯하다

언제나 새롭게

첫 책

푸른 바다 햇살 가득
나에게 안긴다

새벽녘 꿈속에 엄마
깜짝 놀라 무슨 일

바쁜 주방 일터로
책이 온 걸 알려주는 분들

내 입가에 미소 만발
큰 파도 같은 벅찬 감동

엄마는 미리 아셨는지
꿈으로 축하해 주셨다

언제나 새롭게

들뜨기

차분해지는 것이
겸손의 밑거름
나를 깊어지게 하는 것

하루하루는 축제
담담하게 흐뭇하게
맞이하는 일상생활

주변 모두가 못난 나에게
격려와 응원의 칭찬
감사하지만 들뜨지 말자

두유 한 모금

속을 든든하게 해주는
나의 아침 식사

달콤한 하루를 향해
담백한 두유로

적은 양이지만
오후 4시까지 견디는 힘

언제나 새롭게

감사함

휘청거리는 날에도
나를 세워주는
마법 같은 주문

수도 없이 되뇌는 말
고맙습니다
감사합니다

입에 붙어 습관이 된
그 표현이
이제는 온 마음에서 나간다

언제나 새롭게

책 속의 나는 더 따뜻하게
그리고 더 단단했다

내 책의 문장들이
나의 하루를 고쳐 세우는 기준

페이지 숫자만큼
내 약속들이 나를 새롭게

그 자리

막내는 가장자리다
대화에서도
사진 속에도
언제나 조용히 서 있다

이제는 주방과 홀 사이
바쁜 틈 가운데
주인공
단단하게 해준 그 자리

심안(心眼)

눈을 감아야만
더 또렷하게 볼 수 있는

겉모습은 흐릿해지고
숨은 결만 남는다

보지 못하는 느낌이나
들리지 않는 수많은 말

눈을 감고서야
알게 되는 진짜 표정들

부처님

놀림받던 눈 사이의 점
학창 시절의 별명은 부처

지금은 깨끗해진 이마
마음으로 내려간 점

누구나 안에 부처님이
자리 잡고 있다는 말씀

나에게 부처님이 계신지
일상에서 찾아보고 있다

가장자리

초판 1쇄 발행 2026년 3월 5일

지은이 김미선
펴낸이 권지현
펴낸곳 이음과펼침
책임편집 이음과펼침 편집부

출판등록 2025년 7월 21일 제2025-000129호
주소 서울시 서초구 양재동 392-3, 202B
이메일 connectnbloom@gmail.com
원고투고 connectnbloom@gmail.com
홈페이지 www.connectnbloom.com

ISBN 979-11-24329-15-3(03810)

· 가격은 뒤표지에 있습니다.

· 파본은 구입하신 서점에서 교환해 드립니다.